LA BURBUJA

INMOBILIARIA

Dr. José Francisco Bellod Redondo

Universidad Politécnica de Cartagena

ISBN: 978-1-4092-0331-5.

ÍNDICE

Prólogo

En 1999 el precio de la vivienda comenzó a crecer de forma exagerada en España. Animados por ese crecimiento, y por las expectativas de crecimiento futuro, muchos inversores se incorporaron por el lado de la demanda. La construcción de nuevas viviendas comenzó a batir récords históricos. Empujada por el estímulo mobiliario, la economía española experimentó una fase de crecimiento hasta entonces desconocida por su intensidad y duración. Pronto saltaron las alarmas. Estábamos ante una burbuja especulativa.

Años más tarde, 2005, cuando aún era norma común negar la existencia de la burbuja (que hoy nadie niega) tuve ocasión de discutir los acontecimientos con un grupo de directivos de una importante caja de ahorros española. Traté, infructuosamente, de hacerles ver el verdadero curso de los acontecimientos. Sus argumentos eran casi irrefutables: los profesionales que trabajan en las entidades financieras evalúan correctamente el precio de mercado de la vivienda. Cierto. Pero el problema no es la correcta tasación de la vivienda, el problema es el precio en sí mismo., que al no corresponderse con su valor fundamental, estaba abocado a caer en un futuro más o menos próximo. La inflación de la vivienda acabó con la capacidad de gasto de las familias y los precios de las viviendas dejaron de subir. Y con la moderacion del precio los inversores (especuladores) se retirarían de lado de la demanda, provocando un efecto contractivo que, desde el sector inmobiliario se contagiaría al conjunto de la economía, del mismo modo que durante el auge, la pujanza inmobiliaria había animado el crecimiento del PIB.

De la frustración ante la incapacidad para plantear adecuadamente el problema en aquella ocasión nace este libro. Así, ahora presentamos pruebas econométricas que avalan lo que hoy ya casi nadie niega: que el boom ha sido una burbuja. Ampliamos esa labor con algunas reflexiones acerca del curso futro de los acontecimientos. Afortunadamente los apóstoles del "aquí no pasa nada" se transformaron gradualmente en profetas de "será un ajuste suave" y hoy, por fin, admiten ya que estamos ante una situación crítica. El periodo de ofuscación intelectual y especulativa parece haber finalizado.

El autor

Introducción

Entre los años 1999 y 2004 hemos asistido a un intenso proceso especulativo en el ámbito inmobiliario: el precio medio del m^2 ha crecido un 142%. Paralelamente la economía española ha crecido, en ese mismo periodo, muy por encima de la media europea. La intensa actividad inmobiliaria puede ser una causa explicativa de ese fenómeno.

Existen dos explicaciones alternativas para explicar la intensa expansión de la actividad constructora en los últimos años.

De una parte, podría afirmarse que el crecimiento acelerado del precio de la vivienda es el producto "normal" de la fase expansiva del ciclo económico que España ha vivido desde 1994. Sería por tanto un incremento fundamentado en la evolución de las variables macroeconómicas (PIB, inflación, demografía,...).

De otra parte, podría sospecharse que el mercado ha sido objeto de un proceso especulativo que ha conducido el precio de la vivienda más allá de lo razonable, es decir, estaríamos en presencia de una "burbuja especulativa" que se retroalimenta al margen de los fundamentos macroeconómicos.

Para valorar adecuadamente este fenómeno, hemos de tener en cuenta que los procesos especulativos siempre eclosionan abruptamente: las burbujas no se diluyen, explotan. En este sentido, la naturaleza de esta escalada de precios condiciona la urgencia de la intervención pública. Si no existe burbuja especulativa puede manejarse razonablemente la hipótesis de un ajuste gradual en los precios con un coste moderado o pequeño en términos de pérdida de empleo y/o renta. Por el contrario un proceso especulativo que no se detiene a tiempo mediante una acercada política económica puede acarrear costes muy severos y prolongados en el tiempo tal y como demuestra, por ejemplo, el caso de Japón[1].

---

[1] Véase por ejemplo, Quigley (2001).

Desde el punto de vista económico, se produce una amplia gama de perjuicios: el mercado de la vivienda transmite al conjunto de la economía un sesgo inflacionista que no siempre es adecuadamente captado por las medidas tradicionales de inflación[2]; aumenta el esfuerzo financiero necesario para la adquisición de la vivienda, elevando el riesgo de insolvencia al que se enfrentan prestamistas (entidades financieras) y prestatarios (hogares) en el mercado hipotecario[3]; y se limita la movilidad espacial de los trabajadores, reduciendo la eficiencia del mercado de trabajo. En el caso más extremo, la repercusión negativa del incremento en el precio de la vivienda puede venir de la mano de una burbuja especulativa capaz de provocar una recesión. Recientes investigaciones del Banco de España como Ayuso y Restoy (2003, 2006a), Martínez Pagés y Maza (2003) ó Estrada y otros (2004), han profundizado en

---

[2] Véase, por ejemplo Goodhart (1993), Bellod Redondo (2008).

[3] Ídem Herrera y Perry (2003), Bean (2004) ó Davis y Zhu (2005).

los posibles costes macroeconómicos que un ajuste en el mercado inmobiliario, estimándose, en términos acumulados una reducción de 1´2 puntos del consumo privado. En diversos informes periódicos, el Banco de España ha mostrado su preocupación por el elevado nivel de endeudamiento al que se están viendo arrastradas las economías domesticas para hacer frente a la adquisición de vivienda.

Diversos organismos han llamado la atención sobre la amenaza que esta escalada de precios presenta para la economía española. Así por ejemplo, el Fondo Monetario Internacional en su publicación *"World Economic Outlook"* de septiembre de 2004 (página 74 y siguientes) dedica buena parte de su Capítulo Segundo al *"boom"* de precios inmobiliarios experimentado en varios países de la OCDE, indicando que España forma parte del conjunto de países[4] cuyos precios no pueden explicarse por causas "fundamentales": en otras palabras, se atisba un proceso especulativo. Más recientemente, el Banco de España en su "Informe Anual 2004" ha estimado que

---

[4] Junto a Irlanda, Australia y Reino Unido.

la sobrevaloración del precio de la vivienda se sitúa en la horquilla del 24% - 35% y llama la atención sobre los severos riesgos derivados del elevado nivel de endeudamiento hipotecario de las familias españolas[5]. La OCDE en su reciente análisis de la economía española estima esa sobrevaloración en el 30%[6]. Como indicara el Gobernador del Banco de España refiriéndose a la evolución del precio de la vivienda, *"tasas de crecimiento tan elevadas son difícilmente justificables, en su totalidad, sobre la base de la evolución reciente de la renta o de los tipos de interés, o como respuesta a los cambios demográficos que está experimentando el país"*[7].

En este trabajo pretendemos analizar la conexión entre ambos la escalada especulativa y el importante crecimiento económico registrado. Para

---

[5] Banco de España (2005a), páginas 38 y siguientes.

[6] OCDE (2007).

[7] Banco de España (2005b), página 15. En Ayuso y Restoy (2006b, pág. 60), se ofrece una recopilación de las principales estimaciones de sobrevaloración de la vivienda realizadas en los últimos años.

ello estimaremos el impacto de la inversión residencial en la etapa expansiva que la economía española ha vivido desde mediados de los años 90.

El Comportamiento de los Precios

¿Qué sabemos del comportamiento de los precios de la vivienda?

Una amplia revisión inicial de modelos de inversión residencial puede hallarse en Kearl (1979). En cuanto a la dinámica del precio de la vivienda considerada como un activo es obligado referirse a trabajos pioneros como Poterba (1984), Topel y Rosen (1988) ó Mankiw y Weil (1989).

Respecto a la estimación de las causas que explican el precio de la vivienda en España, existen varios trabajos de enorme interés. El trabajo pionero de Bover (1993) se remite al período 1976 - 1991 y concluye que la renta real disponible es la variable que explica el 70% del incremento del precio real[8] de la vivienda entre 1985 y 1990, aportando otro 20% la

---

[8] El "precio real" de la vivienda al pecio nominal de a vivienda deflactado por el IPC.

tasa de rendimiento del activo vivienda. En otras palabras, para el período estudiado, el comportamiento del precio de la vivienda obedece a causas "fundamentales". El trabajo de Martínez y Matea (2002) examina el comportamiento del precio de la vivienda con un horizonte temporal más amplio (1980 - 2002), resaltando el papel de la fiscalidad y la reciente evolución de los mercados financieros: aunque el crecimiento de la renta disponible y el comportamiento demográfico explica buena parte del fenómeno, la reducción de tipos de interés y la negativa evolución de los mercados financieros desde finales de los años 90, convirtiendo la vivienda en un activo de inversión alternativo y más atractivo, explicarían los shocks de demanda producidos en el sector inmobiliario y su efecto sobre los precios. Finalmente, en los trabajos de Balmaseda et al (2002), Ayuso y Restoy (2003, 2006a) y Martínez Pagés y Maza (2003) se hace referencia explícita a la existencia de una clara sobrevaloración de la vivienda, o alejamiento de sus valores fundamentales, que sólo puede deberse a comportamientos especulativos del sector.

Debe advertirse que "sobrevaloración" y "burbuja" no son fenómenos idénticos. La sobrevaloración, es decir, la discrepancia entre los valores "actuales" u "observados" y los precios que se desprenden de los fundamentos macroeconómicos y demográficos pueden ser indicios de "burbuja especulativa", pero no necesariamente. Siguiendo la definición del Premio Nóbel J. E. Stiglitz (1990, p. 13), "... si la razón de que el precio sea alto hoy es sólo debido a que los inversores creen que el precio de venta será mayor mañana - cuando los factores fundamentales no parecen justificar tal precio – entonces existe una burbuja".

Sin embargo, los estudios citados se limitan a evidenciar la brecha existente entre los precios observados y los que corresponderían a la evolución de los fundamentos macroeconómicos de la economía española. Esa brecha, si bien puede ser indicio de una burbuja especulativa, no implica necesariamente su existencia. Otros indicios pueden encontrarse a partir de determinados indicadores bastante generalizados en el análisis de los precios inmobiliarios tales como la ratio renta – precio (es decir, el cociente entre la renta por alquiler que pude obtener el arrendador y el precio de la vivienda) ó la ratio precio – ingreso (es decir, la relación entre el precio de la vivienda y el ingreso medio de los hogares). Sin embargo, estos indicadores tampoco ofrecen información concluyente acerca de la existencia de burbujas ya que, como sostienen McCarthy y Peach (2004), se trata de indicadores muy sensibles a la evolución de los tipos de interés, precisamente una circunstancia característica del período que estamos analizando en España.

Esta insuficiencia de los análisis tradicionales ha dado lugar a la proliferación de estudios basados en las propiedades estadísticas de las variables implicadas, particularmente, del indicador renta – precio. En ese ámbito cabe enmarcar los trabajos de Campbell, Lo y MacKinlay (1997), Campbell y Shiller (1988 a, b) ó Koustas y Serletis (2005). A partir de estos trabajos Taipalus (2006) ha detectado la existencia de burbujas especulativas en los sectores inmobiliarios de varias economías occidentales. Concretamente, mediante la aplicación del análisis

RADF - Test[9], que supera el análisis tradicional basado en la estimación de equilibrio de largo plazo, se detecta en el caso de España la existencia de dos burbujas especulativas: una cuya fase expansiva transcurre en el período 1987 – 1991, y finaliza entre los años 1992 – 1993; y otra que se inicia en el año 2000 y continuaría en la actualidad hasta la actualidad (año 2004, fecha de conclusión de su análisis). El trabajo de Taipalus (2006) también identifica la existencia de burbujas especulativas en los precios inmobiliarios de Gran Bretaña, Estados Unidos, Alemania y Finlandia.

---

[9] Rolling Augmented Dickey – Fuller Test. También existen otras opciones metodológicas como la aplicación del Espacio de los Estados y el Filtro de Kalman, tal y como podemos encontrar en Levine y Wright (1997a) ó en Riddel (1999).

La Especulación Inmobiliaria

El mercado de la vivienda en España se ha caracterizado, desde los mediados de la década de los 90, por un incremento sostenido del precio por m^2 construido así como de la actividad constructora. Coincidiendo con la fase de recuperación económica que tuvo lugar a partir de 1994, hemos podido comprobar como dicho precio evolucionaba de forma paralela al ciclo económico pero haciéndolo a tasas crecientes que parecen conducirlo por una senda explosiva.

En el Cuadro 1 ofrecemos el precio de la vivienda libre en euros por m^2. El precio de la vivienda inicia la senda explosiva en 1999 como resultado de un conjunto de circunstancias que provocaron la aparición de la burbuja inmobiliaria. A excepción del período comprendido entre el segundo trimestre de 1992 y el segundo trimestre de 1993, el precio de la vivienda ha crecido a tasas positivas, especialmente intensas a partir de 1997, llegando incluso a cuadruplicar la tasa de inflación. Además, su comportamiento ha sido mucho más volátil que el de la inflación creciendo a ritmos muy superiores a ésta. Si a comienzos de 1987 el precio del m^2 ascendía a 289,89 euros, a finales de 2004 llegaba a 1.739,44 euros, creciendo, por término medio tres veces más rápidamente que la inflación, creciendo en los últimos tres años por encima del 17%. En cuanto a la actividad constructora, en el Cuadro 2 puede comprobarse la intensa aceleración que experimenta el sector a partir de 1999. Si en el periodo 1986 – 1998 se iniciaban por término medio 263.475 viviendas anuales, en el periodo 1999 – 2004 son 591.529. Otro tanto sucede con las viviendas terminadas.

Cuadro 1

PRECIO DE LA VIVIENDA LIBRE

Año	Precio •/m²	Base 1987:IV = 100	Δ%
1987	336´321	100	
1988	411´820	122	22,00%
1989	502´638	149	22,13%
1990	565´094	168	12,75%
1991	663´036	197	17,26%
1992	613´875	183	-7,11%
1993	623´501	185	1,09%
1994	625´467	186	0,54%
1995	649´644	193	3,76%
1996	658´384	196	1,55%
1997	673´305	200	2,04%
1998	718´855	214	7,00%
1999	807´648	240	12,15%
2000	927´957	276	15,00%
2001	1.065´700	317	14,86%
2002	1.258´930	374	17,98%
2003	1.480´990	440	17,65%
2004	1.739´440	517	17,50%

Nota: los datos se refieren al IV Trimestre de cada año.
Fuente: Banco de España.

Gráfico 1

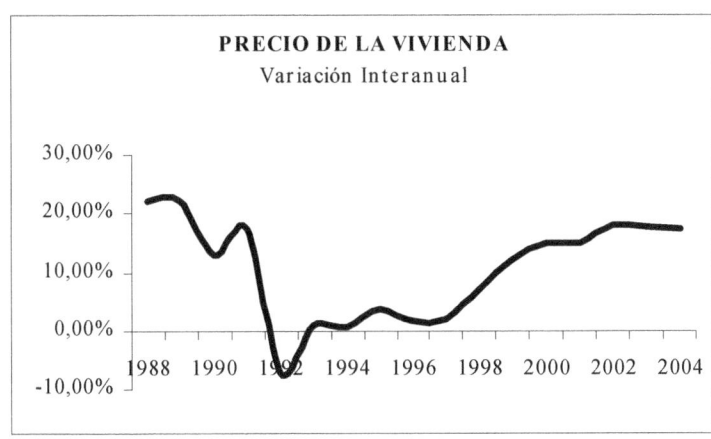

PRECIO DE LA VIVIENDA
Variación Interanual

Gráfico 2

VIVIENDAS INICIADAS

Cuadro 2

ACTIVIDAD CONSTRUCTORA:
TOTAL DE VIVIENDAS

Año	Iniciadas	Terminadas
1986	214.803	196.901
1987	252.874	206.035
1988	269.475	241.018
1989	283.289	237.659
1990	239.707	281.239
1991	204.491	273.546
1992	207.932	220.929
1993	197.363	223.584
1994	234.641	230.307
1995	302.339	221.252
1996	287.199	274.299
1997	323.202	299.058
1998	407.856	298.810
1999	510.767	356.366
2000	533.700	415.793
2001	523.747	505.174
2002	543.060	519.686
2003	622.185	506.349
2004	691.027	496.785
2005	716.219	524.479
Media 1986 -1998	263.475	246.511
Media 1999 - 2005	591.529	474.947

Fuente: elaboración propia a partir de INE.

Varios son los elementos que a priori permiten configurar, hipotéticamente, el escenario de crecimiento exagerado de la actividad inmobiliaria.

En **primer lugar** debemos hacer referencia al importante **crecimiento demográfico** que ha tenido lugar en España en la última década. Como puede apreciarse en el Cuadro 3 en el periodo 1991 – 1998 la población creció a una tasa media anual del 0´29% mientras que en el periodo 1999 – 2004 esa tasa se cuadruplica pasando al 1´11%. Ese crecimiento se explica, ante todo, por la masiva llegada de inmigrantes de América Latina, el Magreb y Europa del Este. Obviamente la llegada de esos inmigrantes atraídos por las mayores posibilidades de empleo que ofrece nuestra economía ha supuesto una nada despreciable presión sobre el mercado inmobiliario español, es decir, ha expandido la demanda de viviendas como "valor de uso".

Cuadro 3

POBLACIÓN RESIDENTE EN ESPAÑA

Año	Población	Tasa
1991	38.874.573	---
1992	39.003.524	0,33%
1993	39.131.966	0,33%
1994	39.246.833	0,29%
1995	39.343.100	0,25%
1996	39.430.933	0,22%
1997	39.525.438	0,24%
1998	39.639.388	0,29%
1999	39.802.827	0,41%
2000	40.049.708	0,62%
2001	40.476.723	1,07%
2002	40.964.244	1,20%
2003	41.663.402	1,71%
2004	42.345.342	1,64%
Media 1992 – 1998:		0,29%
Media 1999 – 1994:		1,11%

Fuente: Estimación Intercensal de Población (INE)

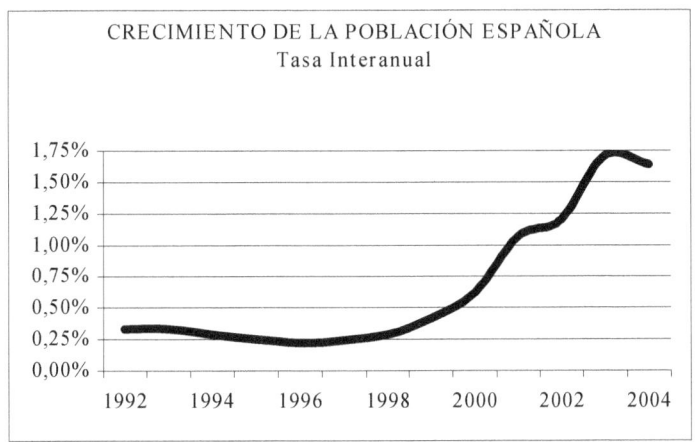

CRECIMIENTO DE LA POBLACIÓN ESPAÑOLA
Tasa Interanual

En **segundo lugar** se ha producido una intensa **reducción de tipos de interés** concertada por los Bancos Centrales de los países de la Unión Europea como estrategia común para facilitar la transición al euro. Como puede apreciarse en el Cuadro 4, el tipo de interés de las operaciones hipotecarias en el mercado español se situaba en 1995 en el 11´19%. El descenso de tipos de interés oficiales por parte de los Bancos Centrales de los países aspirantes a la Unión Económica y Monetaria tuvo su traslación al ámbito hipotecario: en el año 1999 se situaban en el 4´97% y, tras un leve repunte en el año 2000, continuaron su descenso hasta situarse en el

3´39% en 2004. El impacto en la demanda de vivienda es especialmente relevante si comparamos la evolución de los tipos de interés con el incremento del precio de la vivienda. Concretamente en la misma tabla hemos calculado el tipo de interés real resultante de financiar una operación hipotecaria, es decir, la diferencia entre el tipo de interés nominal y la variación interanual del precio de la vivienda. Como puede comprobarse a partir de 1998 el coste real es negativo: comprar a crédito una vivienda y revenderla genera ganancias una vez descontados los intereses financieros. Y esa brecha ha sido creciente desde entonces, pasando del −1´61% de 1998 al −14´06% en 2004. El atractivo del mercado inmobiliario es aún mayor si comparamos estas rentabilidades con las de inversiones alternativas. No en vano las rentabilidades de los mercados financieros durante los ejercicios 2000, 2001 y 2002 fueron negativos como puede comprobarse en el Cuadro 4, debido a la crisis bursátil generalizada a causa del crack de la economía Argentina[10] y la

---

[10] Hay que tener en cuenta que las principales empresas españolas cotizadas en el Ibex-35 tenían en

pérdida de confianza en los mercados financieros provocada por el criminal atentado del 11-S, lo cual provocó en el caso español un desvío masivo de fondos hacia inversiones alternativas, particularmente en el sector inmobiliario.

En **tercer lugar** se produjo la situación singular de la **instauración del Euro** como moneda común europea y la consiguiente necesidad de "aflorar" bolsas de dinero negro mantenidas hasta el momento en pesetas. Junto a lo anterior debemos considerar el escaso ó nulo control tributario sobre las operaciones de compraventa de derechos u opciones de compra sobre viviendas.

Para determinar en qué medida estas hipótesis se cumplen estimaremos un modelo de determinación de la demanda de viviendas. En dicho modelo incluimos como variable explicada las viviendas iniciadas (q_t); el precio nominal (p_t); el

---

ese momento importantes intereses en Argentina (Repsol-YPF, Telefónica, BBVA, BSCH, etc…).

precio real (pre_t); el tipo de interés nominal de las operaciones hipotecarias (rn_t); la nueva población (Δh_t) y Ganancias de Capital (gk_t). La variable (gk_t) se ha calculado según la expresión:

$$gk_t = \frac{p_t - p_{t-4}}{p_{t-4}} \cdot 100 - rn_t \qquad (0.1)$$

La variable "nueva población" (Δh_t), es decir, el incremento operado en la población residente (h_t) trata de capturar el impacto demográfico sobre la actividad inmobiliaria, es decir, la demanda de vivienda como valor de uso. Las Ganancias de Capital han sido incluidas, siguiendo en parte el planteamiento de Levine y Wright (1997 b), como indicador del comportamiento especulativo de los agentes que intervienen en el mercado inmobiliario: suponemos que las ganancias de capital esperadas son función de las ganancias de capital observadas.

Una vez descritas las variables, aplicamos en primer lugar un test de raíces unitarias para determinar su orden de integración (los resultados se ofrecen en el Cuadro 5. Dado que todas las series que vamos a emplear son no – estacionarias y de igual grado de integración, plantearemos la posibilidad de un modelo de cointegración de acuerdo con la metodología VEC (Johansen). Queremos, en definitiva, testar qué variables, de aquellas que hemos mencionado anteriormente, participan en la determinación de ese equilibrio.

El procedimiento lo hemos aplicado en primer lugar al conjunto del periodo 1989 – 2004 y, simultáneamente, al subperíodo 1987 – 1998. Con ello tratamos de aislar y evaluar en la medida de lo posible el impacto de proceso especulativo identificado en Taipalus (2006) para el periodo 1999 – 2004.

Cuadro 4

CONDICIONES FINANCIERAS DEL MERCADO INMOBILIARIO

(Porcentajes)

Año	Variación Precio m2 (a)	Tipo de Interés Nominal (b)	Tipo de Interés Real (b)-(a)	Rentabilidad FIAMM	Rentabilidad FIM	Ibex 35
1995	3,87	11,19	7,32	7.72	9.48	17.59
1996	1,35	8,42	7,07	6.77	12.31	41.97
1997	2,27	6,4	4,13	4.28	9.90	40.75
1998	6,77	5,16	-1,61	3.08	10.83	35.58
1999	12,35	4,97	-7,38	1.81	7.33	18.35
2000	14,9	6,38	-8,52	2.18	-2.52	-21.75
2001	14,84	4,99	-9,85	3.50	-2.48	-7.82
2002	18,13	4,37	-13,76	2.40	-5.56	-28.11
2003	17,64	3,46	-14,18	1.51	5.04	28.17
2004	17,45	3,39	-14,06	1.18	4.06	17.37

Fuente: Síntesis de Indicadores. Banco de España.

Tanto el precio nominal como el precio real han sido descartados de análisis, ya que las pruebas econometritas previas han demostrado que generan problemas de colinealidad y además no guardan relación de cointegración con q_t, por lo que no es posible capturar la relación de largo plazo con las variables de interés. Los resultados del test de cointegracion (véase Cuadro 6), demuestran la existencia de una ecuación de cointegración a un nivel de significación del 99%. En el Cuadro 7 hemos representado la estimación de la ecuación de cointegración para ambos periodos. Como puede comprobarse, en ambos casos los signos de los coeficientes de la ecuación son los que cabría esperar de acuerdo con la teoría económica: el tipo de interés está ligado negativamente a la cantidad demandada mientras que las ganancias de capital y el crecimiento de la población lo están positivamente. Sin embargo, cabe destacar el cambio cuantitativo que se opera en algunos coeficientes. Como se aprecia en el Cuadro 7 en el periodo previo al actual episodio especulativo (ecuación 1.3) la demanda es menos sensible a las Ganancias de Capital que en el conjunto del periodo (1.2), con un coeficiente de 2.481 frente a 1.170.

También aumenta la sensibilidad frente a la presión demográfica, de modo que el coeficiente que liga q_t con Δh_t pasa de 0´01467 a 0´104528.

Esto podría indicar que en el periodo identificado por Taipalus (2006) se ha producido un incremento de la presión especulativa, es decir, una mayor disposición a comprar en función de las ganancias de capital esperadas; en un ambiente de creciente demanda también por valor de uso. Además si atendemos a los modelos VEC (Cuadro 8 y Cuadro 9) también se aprecia un cambio significativo en el coeficiente que liga la ecuación de cointegración con la ecuación Δq_t. En ambos casos el signo es negativo tal y como cabe esperar ya que dicho coeficiente refleja el ajuste producido en Δq_t a consecuencia de la discrepancia entre el valor observado de q_t y su valor de equilibrio en el largo plazo. Sin embargo en el subperíodo 1989 – 1998 la capacidad de ajuste es más elevada (coeficiente 0´580) que en el conjunto del periodo 1989 – 2004 (coeficiente 0´175). El resultado es lógico: la burbuja especulativa aparta los precios observados de su equilibrio de largo plazo y el propio mecanismo equilibrador representado por la ecuación de cointegración se diluye. En nuestra opinión este resultado es perfectamente compatible, en el ámbito de la actividad inmobiliaria con los estimados por Taipalus (2006) en el ámbito de los precios: en el periodo 1999 -2004 la demanda de viviendas está afectada por una burbuja especulativa. En este sentido, la Descomposición de la Varianza del Impulso (ver Cuadro 10, representado en el Gráfico 4) nos ofrece una estimación cuantitativa de la importancia de las expectativas de ganancias de capital en la demanda de viviendas. Un problema típico asociado a este procedimiento consiste en la ortogonalización: la correcta identificación de la secuencia causal entre variables. El empleo de una u otra secuencia causal puede provocar variaciones muy significativas en los resultados finales que se obtengan. En nuestro caso emplearemos el procedimiento de Swanson y Granger[11] (1997). Como puede comprobarse en el citado cuadro las Ganancias de Capital suponen un 27'11%; valor muy superior, por ejemplo, al de la presión demográfica (2'90%). En

---

[11] Una aplicación para el caso de USA puede consultarse en Coulson y Kim (2000).

otras palabras, casi un 30% de la demanda de nuevas viviendas obedece al motivo especulación.

Cuadro 5

TEST ADF SOBRE LA DEMANDA DE VIVIENDAS

Variable	X_t	ΔX_t	$\Delta^2 X_t$	Orden I(d)
q_t	1'088694	-6'631611 **	---	I(1)
p_t	2.261844	-0.138069	-6.767330 **	I(2)
pre_t	3.486645	-2.083300	-12.73542 **	I(2)
gk_t	-1'200996	-4'161037 **	---	I(1)
h_t	-0'231134	-3'132536 *	---	I(1)
rn_t	-1'205867	-4'173788 *	---	I(1)

Nota: los valores críticos para el rechazo de la hipótesis nula de ausencia de raíz unitaria son 2'8912 al 5% y 3'4986 al 1%.

Cuadro 6

TEST DE COINTEGRACIÓN DE JOHANSEN
(Periodo 1989:1 – 2004:4)

Eigenvalue	Likelihood Ratio	5 Percent Critical Value	1 Percent Critical Value	Hypothesized No. of CE(s)
0.364293	57.09858	47.21	54.46	None **
0.264563	29.46450	29.68	35.65	At most 1
0.155258	10.71978	15.41	20.04	At most 2
0.006986	0.427622	3.76	6.65	At most 3

*(**) denota el rechazo de la hipótesis nula al nivel de significación de 5%(1%).

L.R. test indica 1 ecuación de cointegración.

Nota: la muestra corresponde al periodo 1989:1 2004:4; se han utilizado 2 retardos, incluyendo 61 observaciones.

Cuadro 7

ECUACIÓN DE COINTEGRACIÓN

Periodo	Ecuación
1989:1 - 2004:4	$q_t = 118.325'7 + 0'104528 \cdot \Delta h_t + 2.481'2 \cdot gk_t - 3.070'4 \cdot rn_t$ (0.2) ${\scriptstyle(3'09)}{\scriptstyle(6'97)}{\scriptstyle(-3'38)}$
1989:1 - 1998:4	$q_t = 118.182'2 + 0'01467 \cdot \Delta h_t + 1.170'5 \cdot gk_t - 3.698'4 \cdot rn_t$ (0.3) ${\scriptstyle(2'04)}{\scriptstyle(9'33)}{\scriptstyle(-15'61)}$

Fuente: elaboración propia a partir de datos citados en Anexo.

Cuadro 8

VECTOR DE CORRECCIÓN DE ERROR
(Periodo 1989:4 – 2004:4)

Error Correction:	Δq_t	Δgk_t	$\Delta^2 h_t$	Δrn_t
Cointeg. Eq	-0.175875	8.17E-05	1.466137	-8.50E-06
	(-1.75)	(3.79)	(1.39)	(-2.64)
Δq_{t-1}	-0.251198	-2.62E-05	-1.761922	1.26E-05
	(-1.77)	(-0.86)	(-1.19)	(2.78)
Δq_{t-2}	-0.242640	-1.35E-05	-0.811873	4.32E-06
	(-1.75)	(-0.45)	(-0.56)	(0.97)
Δgk_{t-1}	759.9079	0.273947	9641.867	-0.023686
	(1.28)	(2.16)	(1.56)	(-1.25)
Δgk_{t-2}	87.26081	0.244105	8933.393	-0.029127
	(0.14)	(1.86)	(1.40)	(-1.49)
$\Delta^2 h_{t-1}$	-0.022031	6.33E-07	-0.262305	1.00E-07
	(-1.44)	(0.19)	(-1.65)	(0.20)
$\Delta^2 h_{t-2}$	-0.022270	1.88E-06	0.018747	-5.90E-07
	(-1.58)	(0.62)	(0.12)	(-1.31)
Δrn_{t-1}	5269.693	0.303816	-26347.33	0.603999
	(1.24)	(0.33)	(-0.59)	(4.47)
Δrn_{t-2}	-6603.611	-0.570302	15200.76	0.014082
	(-1.61)	(-0.65)	(0.35)	(0.10)
C	2367.341	0.055077	2270.183	-0.105602
	(1.64)	(0.17)	(0.15)	(-2.28)
R-squared	0.251672	0.365411	0.240281	0.581482
Adj. R-squared	0.119615	0.253424	0.106213	0.507626
F-statistic	1.905775	3.262992	1.792229	7.873164
Akaike AIC	21.37341	4.477257	26.06008	0.672461
Schwarz SC	21.71946	4.823302	26.40612	1.018506

Fuente: elaboración propia a partir de datos citados en Anexo.

Cuadro 9

VECTOR DE CORRECCIÓN DE ERROR
(Periodo 1989:4 – 1998:4)

	Δq_t	Δgk_t	$\Delta^2 h_t$	Δrn_t
CointEq1	-0.580919	0.000270	-0.905053	-4.22E-05
	(-2.27)	(3.45)	(-0.20)	(-5.01)
Δq_{t-1}	-0.135417	-0.000109	-0.848086	3.80E-05
	(-0.57)	(-1.49)	(-0.20)	(4.85)
Δq_{t-2}	-0.128531	-4.35E-05	0.128562	1.50E-05
	(-0.57)	(-0.63)	(0.03)	(2.04)
Δgk_{t-1}	375.6792	0.414666	9317.061	-0.044823
	(0.66)	(2.39)	(0.95)	(-2.40)
Δgk_{t-2}	-62.50499	0.233202	6961.174	-0.053302
	(-0.10)	(1.33)	(0.70)	(-2.83)
$\Delta^2 h_{t-1}$	-0.015850	-2.88E-06	-0.385721	2.74E-07
	(-1.38)	(-0.82)	(-1.94)	(0.72)
$\Delta^2 h_{t-2}$	-0.021152	-1.08E-07	-0.044930	-3.64E-07
	(-1.86)	(-0.03)	(-0.22)	(-0.96)
Δrn_{t-1}	7279.974	0.280410	-47915.57	0.497634
	(1.579)	(0.19)	(-0.59)	(3.26)
Δrn_{t-2}	-4732.662	-3.224865	41718.36	0.461851
	(-0.90)	(-2.01)	(0.46)	(2.68)
C	2114.493	-0.627306	1027.754	-0.110381
	(1.26)	(-1.22)	(0.03)	(-2.00)
R-squared	0.429561	0.473388	0.222722	0.791159
Adj. R-squared	0.239415	0.297851	-0.036370	0.721545
F-statistic	2.259111	2.696793	0.859625	11.36498
Akaike AIC	21.07726	4.892682	26.78377	0.436131
Schwarz SC	21.51264	5.328065	27.21915	0.871514

Fuente: elaboración propia a partir de datos citados en Anexo.

Cuadro 10

DESCOMPOSICIÓN DE LA VARIANZA DE q_t SEGÚN
PROCEDENCIA DEL IMPULSO

Periodo	D.E.	q_t	gk_t	Δh_t	rn_t
1	8989.690	94.85261	4.224814	0.917751	0.004821
4	13316.63	77.39371	20.11009	0.914249	1.581950
8	18492.93	68.35495	27.56611	1.422000	2.656942
12	22527.71	67.98749	26.93644	2.252179	2.823899
16	25785.35	67.47193	27.03765	2.411462	3.078961
20	28738.77	67.16320	27.07823	2.565423	3.193147
24	31396.43	66.98354	27.07796	2.661703	3.276795
48	44114.40	66.48609	27.11913	2.905206	3.489569

Fuente: elaboracón propia.

Gráfico 4

DESCOMPOSICION DE LA VARIANZA

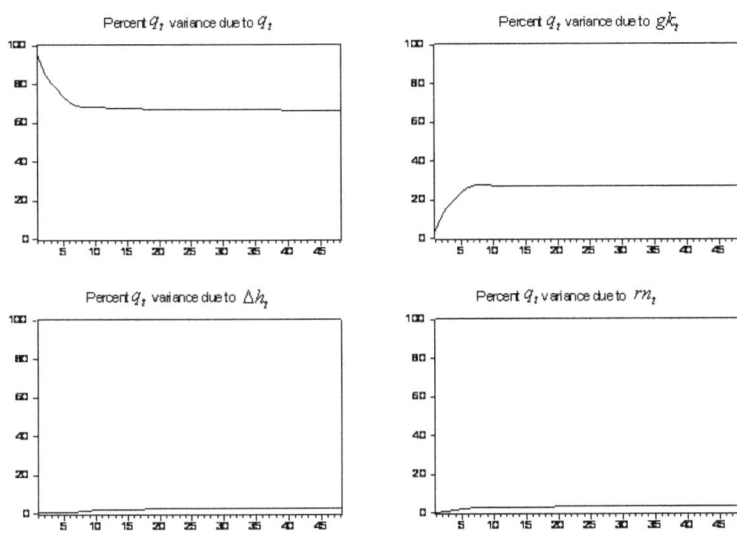

El Impacto en la Economía Real

Una vez comprobado el efecto que la burbuja especulativa en los precios de la vivienda ha tenido sobre la actividad inmobiliaria, cabe examinar el impacto de esta última sobre el crecimiento económico del conjunto del país.

Si bien el crecimiento del PIB en los últimos años (incluido 2004) ha sido muy superior al registrado en el conjunto de la *eurozona* (ver Cuadro 11), y parece que hemos sorteado con habilidad la atonía en la que se han hallado inmersas las principales economías desarrolladas, existen evidencias que permiten afirmar que nos enfrentamos a la crisis inminente de un modelo productivo, y que esa crisis puede tener consecuencias severas en términos de empleo.

Si tenemos que calificar el comportamiento de la economía española utilizando como único indicador la evolución del PIB, no hay duda de que el último quinquenio ha sido razonablemente bueno. En el

Cuadro 11 se puede comprobar este hecho. La economía mundial, según las estimaciones realizadas por el Fondo Monetario Internacional (FMI) ha tenido un magnífico comportamiento en los últimos cuatro años, registrando una tasa de crecimiento que se ha ido acelerando desde el escaso 2´5% del ejercicio 2001, hasta el vigoroso 5´1% del recién acabado año 2004. La *eurozona* ha registrado un comportamiento francamente mediocre con una tasa máxima de crecimiento del 1´8 registrada en 2004 y una media del 1´2% en el periodo. España ocupa un lugar intermedio: no ha logrado crecer tanto como el PIB mundial pero ha crecido muy por encima del resto de la *eurozona*.

Cuadro 11

Producto Interior Bruto
(Tasa de variación en %)

	2001	2002	2003	2004	Media
Mundial	2,5	3	4	5,1	3,7
Eurozona	1,6	0,9	0,5	1,8	1,2
España	3,5	2,7	2,9	3,1	3,1

Fuentes: -   PIB Mundial (World Economic Outlook, FMI).
              -     PIB *Eurozona* y España (Informe Anual, Banco de
                    España).

¿Por qué hemos crecido más que el resto de economías de la *eurozona*?

Una característica indudable de la economía española en los últimos años ha sido el importante dinamismo de la Demanda Interna. Buena parte de la Demanda Interna implica encargos de producción para las empresas españolas. En el Cuadro 12 se puede apreciar la distinta intensidad de la Demanda Interna en la economía española y en la *eurozona*: la primera (3´8%) prácticamente cuadriplica a la segunda (1%). En el Cuadro 13 hemos reflejado el

crecimiento del PIB español "por el lado de la oferta"
y, teniendo en cuenta *quién* ha producido, la riqueza
adicional los resultados son análogos: la
"Construcción" protagoniza el crecimiento con un
27´4% acumulado en el periodo, frente al 12´8% del
PIB.

Cuadro 12

Demanda Interna
(Tasa de variación real %)

	2001	2002	2003	2004	Media
Eurozona	1,5	0,5	0,8	1,3	1,0
España	3,6	3,3	3,7	4,6	3,8

Fuente: Informe Anual 2004. Banco de España

Cuadro 13

PIB POR EL LADO DE LA OFERTA
(Tasas de variación a precios constantes)

RAMA	2001	2002	2003	2004	Tasa Acumulada 2004 / 2000
Agricultura	-1,3%	0,4%	-0,1%	-1,0%	-1,9%
Energía	3,9%	2,3%	1,4%	2,2%	10,2%
Industria	2,5%	0,7%	0,9%	0,7%	5,0%
Construcción	8,5%	6,3%	5,1%	5,1%	27,4%
Servicios	3,6%	2,6%	2,8%	3,5%	13,1%
PIB	3,5%	2,7%	2,9%	3,1%	12,8%

Fuente: Contabilidad Nacional. INE.

Efectivamente, entre los años 2000 y 2004 el PIB español creció en términos acumulados un 12'8% en términos reales (es decir, descontando la inflación de cada rama). Sin embargo, no todas las ramas de actividad tuvieron el mismo comportamiento. Las empresas dedicadas a la "Agricultura, Ganadería y Pesca" registraron una reducción acumulada del –1'9% en ese periodo. Más concretamente la "Pesca" registró un retroceso del –7'4%. La "Industria" ha registrado un crecimiento de tan sólo el 5%. En el lado opuesto tenemos las empresas dedicadas a la "Construcción": son aquellas que más han contribuido al crecimiento económico español al crecer acumuladamente un excelente 27'4%. unque la industria en su conjunto ha crecido un escaso 5% en el conjunto del período 2000 – 2004, algunas empresas lo han pasado mucho peor. La "Industria del Cuero y del Calzado" se lleva la palma con una reducción acumulada del 21'4% en su producción, seguida de la "Industria Textil y de la Confección" con una reducción del 14'3% y la "Industria de la Madera y el Corcho" con un –6'4%. Otras ramas que también decrecen son las de "Equipo Eléctrico, Electrónico y

Óptico", "Industrias Manufactureras Diversas" ó "Fabricación de Material de Transporte". Por el contrario han crecido extraordinariamente empresas auxiliares del sector de la Construcción como la "Metalurgia y Fabricación de Productos Metálicos", con un 15´8%; la "Industria del Caucho y Materias Plásticas" 11´9%, la "Industria Química" 9%, ó "Maquinaria y Equipo Mecánico" 7´5%. Y otro tanto sucede con la rama de Servicios. Mientras esta rama en conjunto crecía acumuladamente un 13´1% en el periodo 2000 – 2004, dentro de la misma las "Inmobiliarias y Servicios Empresariales" crecían un 16´5%.

Cuadro 14

EVOLUCIÓN DEL PIB INDUSTRIAL
(Tasas de variación a precios constantes)

	2001	2002	2003	2004	2004 - 2000
Industria de la alimentación, bebidas y tabaco	1,4%	3,1%	1,4%	0,5%	6,6
Industria textil y de la confección	0,2%	-7,3%	-4,1%	-3,8%	-14,3
Industria del cuero y del calzado	-0,4%	-2,0%	-6,0%	-14,3%	-21,4
Industria de la madera y el corcho	-3,2%	0,6%	-1,8%	-2,0%	-6,4
Industria del papel; edición y artes gráficas	1,0%	5,0%	0,6%	3,3%	10,3
Industria química	4,8%	2,0%	3,2%	-1,2%	9,0
Industria del caucho y materias plásticas	2,2%	6,6%	1,8%	1,0%	11,9
Otros productos minerales no metálicos	4,7%	0,2%	1,0%	-0,5%	5,5
Metalurgia y fabric. de productos metálicos	6,0%	2,9%	2,1%	4,0%	15,8
Maquinaria y equipo mecánico	6,1%	0,1%	-0,7%	2,0%	7,5
Equipo eléctrico, electrónico y óptico	2,3%	-5,2%	-0,5%	0,3%	-3,2
Fabricación de material de transporte	-1,4%	-2,7%	2,6%	1,4%	-0,2
Industrias manufactureras diversas	-0,1%	-0,5%	0,4%	-1,6%	-1,9
Total Industria	2,5%	0,7%	0,9%	0,7%	5,0

Fuente: Contabilidad Nacional. INE.

En términos de empleo este análisis es aún más interesante. Para los agentes es más fácil percibir el estado de la economía observando cómo sus familiares o sus vecinos encuentran o pierden su empleo que tratando de observar la evolución del PIB. En el Cuadro 15 podemos comprobar lo que ha sucedido con el empleo en el período que estamos analizando: son datos de personas ocupadas a tiempo completo. El resultado más llamativo es la intensa creación de empleo que ha tenido lugar: 1´7 millones de puestos de trabajo se han creado entre el año 2000 y el año 2004, es decir, hay un 11´2% más de ocupados que en el año 2000. Este elemento necesariamente tenía que retroalimentar el proceso de generación de expectativas positivas al que nos hemos referido con anterioridad: familias en las que antes había varios miembros desempleados han visto como algunos de ellos han ido encontrando trabajo y ello ha tenido un impacto positivo en el gasto.

Cuadro 15

EVOLUCIÓN DEL EMPLEO POR RAMAS DE ACTIVIDAD
(Miles de personas)

	2000	2001 (P)	2002 (P)	2003 (P)	2004 (P)	Relativo	Absoluto
Agricultura...	951,3	943,1	952,1	956,8	957,2	0,6%	5,9
Energía	125,2	120,6	118,1	120,5	120,6	-3,7%	-4,6
Industria	2.910,4	2.956,9	2.936,4	2.914,5	2.889,1	-0,7%	-21,3
Construcción	1.749,1	1.914,2	2.053,0	2.179,2	2.310,4	32,1%	561,3
Servicios	9.933,5	10.240,1	10.494,7	10.797,3	11.142,1	12,2%	1.208,6
TOTAL	15.669,5	16.174,9	16.554,3	16.968,3	17.419,4	11,2%	1.749,9

Fuente: Contabilidad Nacional (INE).

Claro que no en todos los sectores el empleo se ha comportado con tanto dinamismo. La rama "Agricultura, Ganadería y Pesca", por ejemplo, sólo ha sido capaz de crear 5.900 puestos de trabajo, en toda España, en 5 años. La rama "Energía" ha destruido 4.600 empleos. La rama "Industria" ha destruido 21.300 empleos.

El grueso de la creación de empleo se concentra en la rama "Construcción" que por sí sola ha sido capaz de generar 561.300 empleos directos y la rama de "Servicios" que se lleva la palma con la cifra record de 1.208.600 empleos creados. Además, buena parte de los empleos creados en la rama "Servicios" están directamente relacionados con la Construcción. Concretamente se han creado 263.800 empleos en "Inmobiliarias y Servicios Empresariales" de modo que **entre quienes construyen las casas y quienes las venden han absorbido ni más ni menos que 825.100 puestos de trabajo directos**, es decir, el 47% del empleo creado. Si a ello sumamos los puestos de trabajo creados en la rama "Industria" relacionados con actividades auxiliares de la Construcción probablemente alcanzaríamos la cifra del 75%. Puestos de trabajo que pueden esfumarse fácilmente con la explosión de la burbuja.

Aunque en sí misma la creación de empleo siempre es un fenómeno positivo, cosa distinta es que la una sola rama de actividad concentre el protagonismo de este fenómeno. La valoración definitiva depende de las causas que han llevado a esa concentración y de los posibles desequilibrios a los que haya dado lugar. Por ejemplo, si descendemos al detalle del comportamiento de cada rama de actividad podemos comprobar situaciones verdaderamente dramáticas. Como antes decíamos, la "Industria" ha destruido 21.300 puesto de trabajo. En realidad lo que se ha producido es una reconversión dramática y caótica de la industria española. Una reordenación no planificada y desequilibradora. Determinadas actividades industriales están siendo pulverizadas. Así por ejemplo la "Industria Textil y de la Confección" ha perdido 33.500 empleos, la "Industria del Cuero y del Calzado" ha perdido 18.500 empleos, la industria de "Equipo Eléctrico, Electrónico y Óptico" ha perdido 23.300 empleos, la "Industria

Química" 4.200 empleos. Es decir, al igual que sucedía al analizar el PIB industrial, se comprueba que se pierde empleo en una vasta gama de empresas y que, básicamente, sólo crean empleo aquellas que están al servicio de la Construcción.

Cuadro 16

EVOLUCIÓN DEL EMPLEO EN LA INDUSTRIA ESPAÑOLA
(Miles de personas)

	2000	2001	2002	2003	2004	Relativo	Absoluto
Industria de la alimentación...	412,7	409,0	414,4	413,9	411,6	-0,3%	-1,1
Industria textil y de la confección	271,1	270,2	246,6	235,4	237,6	-12,4%	-33,5
Industria del cuero y del calzado	82,8	80,2	78,9	75,0	64,3	-22,3%	-18,5
Industria de la madera y el corcho	111,8	114,3	113,2	111,3	107,5	-3,8%	-4,3
Industria del papel; edición...	217,3	214,7	222,3	219,9	227,7	4,8%	10,4
Industria química	153,4	156,5	157,2	160,8	149,2	-2,7%	-4,2
Industria del caucho y materias plásticas	117,4	119,0	124,1	123,9	120,5	2,6%	3,1
Metalurgia...	425,3	447,3	452,9	462,0	482,7	13,5%	57,4
Maquinaria y equipo mecánico	197,9	209,6	211,3	204,0	199,7	0,9%	1,8
Equipo eléctrico, electrónico y óptico	193,0	195,8	180,4	173,2	169,7	-12,1%	-23,3
Fabricación de material de transporte	293,8	287,9	288,3	288,2	292,8	-0,3%	-1,0
Industrias manufactureras diversas	240,9	249,0	244,1	246,1	233,1	-3,2%	-7,8
TOTAL INDUSTRIA	2.910,4	2.956,9	2.936,4	2.914,5	2.889,1	-0,7%	-21,3

Fuente: Contabilidad Nacional. INE.

Pero ¿En qué medida podemos atribuir a la actividad inmobiliaria el importante crecimiento al que nos hemos referido? Si atendemos a los datos de Contabilidad Nacional, podemos descomponer el crecimiento del PIB bien por el lado de la demanda, bien por el lado de la oferta, y medir el impacto de un determinado tipo de gasto (demanda) o de una determinada rama (oferta) en el cómputo total del crecimiento. Estos datos pueden comprobarse en el Cuadro 17. En el periodo que estamos analizando el PIB creció, en términos reales, un 20´4%: la Inversión Residencial, con un crecimiento acumulado del 39´8%, es el componente del gasto que más ha crecido después del Consumo Público (40´3%). Teniendo en cuenta el peso de los distintos componentes del gasto en la estructura del PIB, la Inversión Residencial ha contribuido con 4´98 puntos porcentuales al crecimiento del PIB en el periodo, es decir, un 23´9% del crecimiento registrado.

Cuadro 17

CRECIMIENTO DEL PIB POR EL LADO DE LA DEMANDA

(Millones de • a precios constantes)

	Año 1998	Año 2004	Variación	Estructura	Contribución	Participación
PIB	486.786	585.877	20,4%	100,0%	20,4%	100,0%
Consumo Privado	308.509	372.587	20,8%	63,4%	13,2%	64,7%
Consumo Público	64.781	90.862	40,3%	13,3%	5,4%	26,3%
Inversión Residencial	59.554	83.255	39,8%	12,2%	4,9%	23,9%
Inversión No Residencial	55.881	67.771	21,3%	11,5%	2,4%	12,0%
Saldo Exterior	-1.939	-28.598	1374,9%	-0,4%	-5,5%	-26,9%

Fuente: elaboración propia a partir de Contabilidad Nacional Trimestral (INE).

El análisis anterior no tiene en cuenta el impacto indirecto que un tipo de gasto puede tener en el conjunto de la demanda, y, en consecuencia, en el conjunto del PIB. Es decir, no tiene en cuenta los efectos indirectos, de arrastre, de un sector de la economía sobre el resto. Una forma de medir ese impacto puede lograrse mediante la estimación de un modelo VAR (o en su caso VEC) con los componentes del PIB por el lado de la demanda, a saber: el Consumo Privado (cpr), el Consumo Público (cpu), la Inversión Residencial (ir), la Inversión No Residencial (inr) y el Saldo Exterior (xm) [12].

En el Cuadro 18 hemos registrado los resultados del Test Dickey – Fuller Aumentado aplicado a los componentes del PIB por el lado de la demanda. Todas las series son integradas de orden I(1) por lo que la estimación econométrica deberá realizarse con la primera diferencia de cada variable. Procede además realizar un test de cointegración

---

[12] Los datos empleados proceden de la Contabilidad Nacional Trimestral (INE), años 1980:1 – 2004:4.

para determinar si el modelo que vamos a plantear será VEC o VAR. En el Cuadro 19 se ofrecen los resultados: la hipótesis nula de ausencia de cointegración se rechaza con un nivel de confianza del 99%. A partir de estos resultados procede la estimación de un modelo VEC. Pero en este caso la ecuación de cointegración tiene sobre todo un valor instrumental dado que nos permite estimar el modelo VEC[13] y, a partir de ahí explotar la información procedente de la Función de Respuesta al Impulso y de la Descomposición de la Varianza.

---

[13] Dado que existe un solo vector de cointegración es indiferente la variable que tomemos como "explicada".

Cuadro 18

TEST ADF SOBRE LOS COMPONENTES DE LA DEMANDA

Variable	X_t	ΔX_t	Orden I(d)
cpr_t	1.602553	-3.310449 *	I(1)
cpu_t	1.324013	-5.035108 **	I(1)
ir_t	0.696443	-3.119438 *	I(1)
inr_t	0.064513	-7.107306 **	I(1)
xm_t	-1.269964	-4.603614 **	I(1)

Nota: los valores críticos para el rechazo de la hipótesis nula de ausencia de raíz unitaria son 2´8912 al 5% y 3´4986 al 1%.

Cuadro 19

TEST DE COINTEGRACIÓN

Variables: *cpr, cpu, ir, inr, xm*

Eigenvalue	Likelihood Ratio	5 Por ciento Valor Crítico	1 Por ciento Valor Crítico	Hipotesis No. de CE(s)
0.412320	93.00442	68.52	76.07	None **
0.279713	41.97347	47.21	54.46	At most 1
0.175576	22.95573	29.68	35.65	At most 2
0.042086	4.420950	15.41	20.04	At most 3
0.003049	0.293187	3.76	6.65	At most 4

*(**) indica el rechazo de la hipótesis nula al nivel de significación del 5%(1%).

L.R. test indica 1 ecuación de cointegración al 1% de nivel de significación.

Una vez estimado el modelo trataremos de estimar en qué medida el crecimiento de la Inversión Residencial afecta al crecimiento del resto de sectores. Es habitual en estos casos emplear la Función de Respuesta al Impulso que nos informa de cómo una perturbación en una determinada variable provoca una respuesta del resto de variables.

En el Cuadro 20 puede apreciarse la importancia que la Inversión Residencial tiene sobre los restantes componentes de la Demanda Agregada. La Inversión Residencial explica, en el largo plazo, el 36% de las variaciones del Consumo público, el 25% de la Inversión No Residencial, el 32% del Consumo Privado y el 44% del Saldo Exterior.

Cuadro 20

DESCOMPOSICIÓN DE LA VARIANZA DEBIDA A LA VARIABLE ir_t

Periodo	ir_t	cpu_t	inr_t	cpr_t	xm_t
1	78.87401	0.000000	0.287762	8.326134	0.428275
4	71.16981	0.150124	8.357199	8.039802	10.53505
8	72.07172	9.265758	14.16032	27.61040	24.08002
12	70.71605	15.33989	24.59872	32.53900	34.66965
16	70.73798	23.11610	26.86747	34.14633	39.75593
20	70.95471	28.44151	27.22393	34.48659	42.60819
24	71.35621	31.80351	27.00767	34.17659	43.99180
28	71.81856	33.84619	26.80188	33.71081	44.49092
32	72.26247	34.99299	26.63401	33.25915	44.50687
36	72.64007	35.60299	26.41232	32.89647	44.30958
40	72.93576	35.91412	26.15626	32.63686	44.08742
44	73.15402	36.08519	25.93322	32.46845	43.93857
48	73.31203	36.21553	25.76755	32.36558	43.88600

Fuente: elaboración propia.

Cuadro 21

FUNCIÓN DE RESPUESTA AL IMPULSO DE UNA INNOVACIÓN EN "INVERSIÓN RESIDENCIAL"

Periodo	cpr_t	cpu_t	inr_t	ir_t	xm_t
1	91.33339	76.83035	-0.451362	185.5434	-82.57257
4	270.6204	139.5020	242.8248	324.8641	-405.7204
8	532.2273	307.8483	223.2603	452.8890	-589.0483
12	749.9069	426.0353	250.6529	517.9565	-679.9614
16	941.9488	531.1241	251.0812	564.7405	-723.4348
20	1108.897	605.9782	257.1121	600.6654	-752.3596
24	1255.069	666.9299	272.6900	634.9145	-781.6613
28	1385.047	720.2257	288.2916	667.8681	-811.0776
32	1500.690	767.2855	303.9804	698.3827	-840.0431
36	1603.820	809.8036	318.2801	726.1391	-867.0593
40	1695.771	848.0292	330.7391	750.9405	-891.3567
48	1850.633	912.7164	351.3320	792.5128	-932.0609

Fuente: elaboración propia.

¿Qué riesgos conlleva esta situación para la economía española? En su *Informe Anual 2004* del Banco de España, esta institución ya advertía de tres riesgos posibles para la continuidad de la actual fase expansiva de la economía española, a saber: la pérdida de competitividad, el elevado y creciente endeudamiento familiar y la evolución del precio de la vivienda. En los Informes posteriores se reitera esta advertencia. En realidad los tres riesgos de los que nos advierte el Banco de España están íntimamente ligados. Es el tercer elemento de riesgo, el precio de la vivienda, el que en nuestra opinión se haya detrás del carácter crítico del actual modelo de crecimiento. La burbuja especulativa ha llevado el precio de la vivienda hasta niveles insostenibles. El Banco de España considera que el precio está sobrevalorado en un porcentaje que se situaría entre el 24% - 35%. Es decir, que los precios actuales no pueden mantenerse por mucho tiempo. Ello puede tener un efecto fatal sobre la economía: según el Banco de España existen dos posibilidades: un ajuste (descenso) suave de los precios ó un ajuste brusco según la velocidad con la que se produzca ese descenso en los precios. En cualquiera de los dos casos el consumo privado se resentiría en torno al 0´2% anual (1´2% acumulado en varios años). Este último dato no sería muy alarmante si no fuera porque estamos ante un proceso especulativo. El mercado de la vivienda, al contrario que otras industrias, se caracteriza por una elevada inelasticidad – precio a la baja. Ello es debido al particular funcionamiento del sector: las viviendas se venden *"sobre plano"* a un precio que el promotor estima acorde con sus expectativas. Si no es posible realizar la venta al precio pre – establecido tales viviendas simplemente no serán construidas. Si los precios dejan de subir al ritmo que lo han hecho hasta ahora muchas de las personas que compran vivienda *"sobre plano"* para especular dejarán de hacerlo. Es decir: se paralizará la actividad constructora y la burbuja habrá estallado. A partir de ahí se puede desencadenar un proceso fatal.

La elevación de la tasa de crecimiento de la economía española ha llevado aparejado un creciente déficit exterior. En el Cuadro 22 podemos comprobar este fenómeno. El Saldo Neto con el Exterior, históricamente deficitario en el caso español, ha pasado de representar el –2´0% del PIB en 2000 al –4´9% en el ejercicio 2004. En términos de contribución al crecimiento del PIB ello ha supuesto restar 1´7 puntos porcentuales al crecimiento de la renta en 2004, seis veces más que en el año 2000. Paralelamente se ha producido una reordenación del papel desempeñado por los distintos sectores económicos en la generación de ahorro. Como puede comprobarse en el Cuadro 23, el Ahorro de la economía española se ha reducido en 1´7 puntos del PIB entre los años 1999 y 2004. Pero mientras el conjunto de las Administraciones Públicas incrementaban en 0´7 puntos su ahorro, los Hogares y las Sociedades No Financieras lo reducían respectivamente en 1´4 y 2´4 puntos del PIB. Es decir, el modelo de crecimiento especulativo imperante en los últimos años se ha traducido en una significativa reducción de la capacidad de ahorro de familias y empresas.

Aunque resulta harto complicado predecir el curso futuro de los acontecimientos, sí es evidente que este modelo de crecimiento basado en el impulso especulativo está dando lugar a una serie de desequilibrios que pueden poner fin, por sí mismos, a esta etapa expansiva. Junto a la evidencia, mostrada en el Cuadro 23, del significativo deterioro de la capacidad de ahorro de los hogares españoles, debemos reseñar que la especulación inmobiliaria ha provocado un intenso crecimiento de su endeudamiento, tal y como puede observarse en el Cuadro 22. Mientras que el PIB, en términos nominales, ha crecido a una tasa media interanual del 7´5%, el endeudamiento familiar lo ha hecho al 15%, es decir, exactamente al doble de velocidad, de modo que en términos relativos el endeudamiento familiar ha pasado de suponer el 44´2% del PIB en 1997 a suponer el 70´8% en 2004. La conjunción de ambos fenómenos (un menor ahorro y un mayor endeudamiento) lleva aparejado una elevación del riesgo crediticio de las familias (como puede observarse, por ejemplo, atendiendo al cociente Deuda / Ahorro), que podría desembocar en una súbita restricción del acceso al crédito.

Cuadro 22

SALDO NETO EXTERIOR

Año	Saldo Neto (% s/PIB)	Contribución Crecimiento PIB
2000	-2,0	-0,3
2001	-2,1	-0,2
2002	-2,6	-0,6
2003	-3,3	-0,8
2004	-4,9	-1,7

Fuente: Contabilidad Nacional (INE).

Cuadro 23

AHORRO
(Porcentaje sobre PIB)

Año	Total	Hogares	Sociedades NF	AAPP
1999	9,1	3,6	3,7	1,3
2000	8,4	3,1	3,0	1,5
2001	8,3	2,6	2,0	2,1
2002	8,4	2,7	1,9	2,5
2003	7,8	2,5	1,3	2,7
2004	7,4	2,2	1,3	2,0
Diferencia	-1,7	-1,4	-2,4	0,7

Fuente: Cuentas Financieras (Banco de España).

Cuadro 24

ENDEUDAMIENTO Y AHORRO DE LOS HOGARES ESPAÑOLES
(Miles de millones de euros)

Año	PIB	Δ PIB	Deuda Hogares	Δ Deuda	Deuda / PIB	Ahorro / PIB	Deuda / Ahorro
1997	503.875		222.827		44,2%	5,5%	8,0
1998	539.519	7,1%	255.605	14,7%	47,4%	4,5%	10,5
1999	579.983	7,5%	297.636	16,4%	51,3%	3,6%	14,3
2000	630.263	8,7%	341.944	14,9%	54,3%	3,1%	17,5
2001	679.842	7,9%	375.517	9,8%	55,2%	2,6%	21,2
2002	729.021	7,2%	429.200	14,3%	58,9%	2,7%	21,8
2003	780.550	7,1%	501.876	16,9%	64,3%	2,5%	25,7
2004	837.316	7,3%	593.134	18,2%	70,8%	2,2%	32,2
Media	---	7,5%	---	15,0%	---	---	---

Fuente: Cuentas Financieras (Banco de España) y elaboración propia.

También puede producirse una contracción inducida por la pérdida de competitividad y la consiguiente aportación negativa de la Balanza de Pagos a la Demanda Agregada. La evolución alcista del precio de la vivienda afecta al conjunto de la economía: no sólo la vivienda sino otros bienes de capital (oficinas, naves industriales, etc) que compiten con la vivienda por acceder a un suelo cada vez más caro ven su precio de mercado elevarse. La inflación en el sector residencial induce así inflación al conjunto de la economía y pérdida de competitividad.

Tampoco podemos pasar por alto las alternativas de política económica existente. Por el lado fiscal existe actualmente un profundo debate sobre la necesidad de reformar determinados aspectos de la legislación tributaria española, particularmente la tributación de las rentas del ahorro y las bonificaciones fiscales a la adquisición y alquiler de vivienda En nuestro modelo ello podría traducirse en una modificación de los costes de transacción a los que tienen que hacer frente los especuladores. Sin embargo, el actual gobierno ha anunciado que la reforma tributaria probablemente no esté culminada hasta finales de la actual legislatura (año 2008). En cuanto a las posibilidades de la política monetaria, la culminación de la Unión Económica y Monetaria supuso su delegación de modo irreversible en el Banco Central Europeo (BCE) que es el que actualmente y de manera completamente autónoma fija los tipos de interés de referencia para el conjunto de países que integran la *eurozona*. En consecuencia, el Gobierno español no puede influir en el proceso vía tipos de interés.

Anexo: Relación de Variables Empleadas

q_t: viviendas iniciadas. Fuente: Síntesis de Indicadores de Vivienda. (Serie BESI_01.05.ES.017. Banco de España).

p_t: precio por m^2 de la vivienda, en euros. Fuente: Síntesis de Indicadores de Vivienda. (Serie BESI_01.05.ES.01. Banco de España).

rn_t: tipo de interés nominal aplicado a las operaciones hipotecarias. Se obtiene de la serie "Tipo de los Préstamos Libres para Adquisición de Vivienda de Hogares" (Serie BESI_01.05.ES.42, Banco de España).

h_t: número de habitantes. Serie trimestralizada partir de los datos anuales del Anuario Estadístico del INE (varios años).

gk_t: ganancia de capital neta de intereses. Elaboración propia a partir de la expresión:

$$gk_t = \frac{p_t - p_{t-4}}{p_{t-4}} \cdot 100 - rn_t$$

En relación con los datos de vivienda, el servidor estadístico del Banco de España tiene la dirección www.bde.es/infoest/sindi15.csv. Los datos de Contabilidad Nacional Trimestral del INE pueden hallarse en el servidor www.ine.es/inebase/menu4_eco.htm.

Crisis Inmobiliaria: ¿Y Ahora Qué?

A nadie debe sorprender el fuerte incremento del paro registrado en la región en el mes de diciembre (8.032 nuevos desempleados): son sólo el anticipo de lo que ha de venir.

Como ya tuvimos ocasión de exponer en esta misma sección (diario *La Verdad*, 6/01/2007), nuestra región ha experimentado una *burbuja especulativa* en el ámbito inmobiliario que, como tal, crea empleo y riqueza en el corto plazo, pero que, en el largo plazo, está abocada a explotar y destruir el empleo creados, *ahorcando* (léase *endeudando*) financieramente a numerosos ciudadanos.

A partir de 1999, los reducidos tipos de interés, la necesidad de aflorar dinero negro en la transición de la peseta al euro, el impulso demográfico de la inmigración y la reforma tributaria despenalizadora de las ganancias especulativas, impulsaron la actividad inmobiliaria. Pero eso se ha acabado.

La *burbuja* ha explotado (siempre explotan). No es ninguna maldición bíblica: en los últimos 10 años hemos construido las viviendas que necesitaremos para vivir... en los 10 siguientes, así que los albañiles (y arquitectos, y aparejadores, y carpinteros, y *yesaires*, y fontaneros ... y un sinnúmero de agentes inmobiliarios) contratados ayer, no van a ser necesarios mañana.

Ahora el proceso se invierte. La culpa, al contrario de lo que algunos sostienen, no es de las trabas burocráticas a la actividad inmobiliaria. Todo lo contrario: vamos a pagar la *política de barra libre* que tanto daño ha causado a nuestro medio ambiente y al patrimonio de las familias modestas. La especulación ha obligado a las familias a endeudarse en exceso para comprar un binen de primera necesidad como es la vivienda. La burbuja especulativa animó a muchos a comprar viviendas como inversión. Otros tenían que endeudarse en exceso para financiar viviendas que necesitaban para vivir. La capacidad de gasto de las familias se resiente: suban o no los tipos de interés, la capacidad de gastar no crece, condición indispensable para la expansión del PIB en una economía de mercado. Se venden viviendas, pero no tantas como antes: ya no interesan como inversión. Los tipos de interés reales (descontada la *inflación inmobiliaria*) vuelven a ser positivos. Los promotores responden dejando de construirlas.

Según estadísticas oficiales (*Tablas Input-Output*, INE) cada vivienda que se deja de construir son dos puestos de trabajo que se pierden. Según el Ministerio de Fomento, el número de viviendas iniciadas acumula una caída interanual (octubre 2007) del 21%. El número de hipotecas firmadas (termómetro de la compraventa de viviendas de primera y segunda mano), ha caído un 8%. El número de afiliados a la Seguridad Social (sector Construcción) ha caído un 2%. Extrapolando los datos a la región significa que en los próximos meses el empleo puede caer en 23.000 personas, y la tasa de paro crecer del 8´5% al 14%.

Probablemente proyectos urbanísticos emblemáticos (y polémicos) que han hecho correr la tinta en las redacciones de los periódicos (o en las Secretarías de los Juzgados) se aplazarán o no llegarán a realizarse: van a dejar de ser rentables (de momento, al menos). Algunos esperan que la Industria tome el relevo al sector Construcción. En Murcia es poco probable: la industria existente tiene escasa vocación exportadora, está muy acostumbrada a las subvenciones, y es casi toda auxiliar de la Construcción.

Mientras algunos políticos compiten por en una estéril carrera inculpatoria cabe preguntarse ¿y ahora, qué?

Las cuentas públicas se van a resentir: cayendo la Construcción cae a recaudación por plusvalías, por licencias y por Convenios urbanísticos. Tendrán que pensar a costa de qué lograr el equilibrio presupuestario que algunos instituyeron como dogma de fe (y como Ley).

Pero preocupa, sobre todo, la incapacidad de adaptación de una Comunidad Autónoma que no ha sabido (y no ha querido) ver llegar el fin de un ciclo;

cuyos presupuestos han vivido durante una década de las rentas de la especulación inmobiliaria. En ausencia de esas rentas ¿qué?.

Especulacion e Intervencionismo

En un interesante artículo recientemente publicad en este diario (3/01/2006) sostiene el profesor López Pellicer que el excesivo intervencionismo es causa de las corruptelas y de la especulación urbanística. Discrepo. En España no sobra intervencionismo sino discrecionalidad y regalías, que no es lo mismo: falta intervención de los poderes públicos, pero intervención más transparente, más democrática y menos burocrática.

Especular es comprar para vender más caro sin generar valor añadido. Por eso es malo: encarece las cosas injustificadamente, sin mejorarlas, sin hacerlas más útiles. Y obliga a sobre-endeudarse innecesariamente a los compradores. Los procesos especulativos, en cualquier ámbito (desde la crisis de los tulipanes en la Holanda del siglo XVII, hasta burbuja inmobiliaria en la España actual) requieren dos condiciones: que los buscadores de rentas (especuladores) tengan unas importantes expectativas de ganancia y que los poderes públicos se inhiban en la neutralización de la especulación. Todo ello bien engrasado con una buena dosis de dinero abundante y barato.

Todos esos ingredientes tienen lugar en la actual escalada de precios de la vivienda.

Por lo que respecta a las expectativas, desde finales de los 90 la economía española ha asistido a un brutal *shock* expansivo por el lado de la demanda: el increíble e inesperado incremento de la población (+4´5 millones de habitantes entre 1999 y 2005); una reducción intensa e igualmente inesperada en los tipos de interés hipotecarios (unos 8 puntos desde mediados de los noventa hasta el 2004); y una reforma fiscal despenalizadora de las rentas especulativas que, desde el primer gobierno de Aznar hasta nuestros días, ha reducido la presión fiscal sobre la tenencia de inmuebles y sobre las plusvalías inmobiliarias, han sido el terreno fértil en el que han aflorado las expectativas de los especuladores.

Pero el proceso especulativo no se puede entender (ni tampoco su intensidad o su duración) sin observar el comportamiento de la otra variable: la inacción de los poderes públicos ante unos precios que no paran de subir y que estrangulan a las economías más modestas con hipotecas monstruosas, cuando no excluyendo del mercado inmobiliario a buena parte de los ciudadanos, considerados insolventes por los bancos.

Contrariamente a lo que algunos piensan, sobran instrumentos con los que intervenir en el mercado inmobiliario (presupuestarios, tributarios, reglamentistas...) pero quienes disponen de ellos no los utilizan. Y ello básicamente porque la clase política disfruta de las rentas de la especulación, bien en dinero, bien en votos.

No son pocos los políticos (de todos los colores) involucrados (lícita o ilícitamente) en negocios inmobiliarios. ¿Cómo pretendemos que unos señores que sólo son fiscalizados cada 4 años renuncien voluntariamente a disfrutar de las rentas del negocio inmobiliario? ¿Qué incentivo o sanción anima a los políticos codiciosos a luchar contra la especulación?

Sin embargo, no toda la inhibición de los políticos puede atribuirse a la venialidad o a la codicia. Incluso los políticos honestos tienen razones para no intervenir. Básicamente porque frenar la escalada de precios puede restar muchos votos. La especulación, en el corto plazo, genera riqueza y empleo. En otras palabras: satisfacción entre los votantes y votos para los gobernantes. Además, buena parte de los ciudadanos se ha sumado de forma involuntaria al proceso especulativo. Pensemos por ejemplo en esas familias bienintencionadas que compran hoy las viviendas que necesitarán mañana los hijos que pretenden emanciparse: el miedo a no poder pagar el precio mañana nos lleva a adelantar la compra hoy. Esa demanda adicional (demanda por "motivo precaución") se suma a la de los vulgares especuladores y sirve de combustible en la hoguera especulativa.

Intervenir supondría frenar la escalada de precios y eso produce miedo al político bienintencionado (y alergia al corrupto): supone poner en riesgo el crecimiento y el empleo, frenar la locomotora inmobiliaria sin saber qué otro sector tirará del empleo. En definitiva defraudar a los honestos ciudadanos que se han endeudado en hipotecas millonarias. Intervenir puede suponer perder votos, perder elecciones. En definitiva la especulación está socialmente arraigada y aceptada y, al final, media España especula contra la otra media.

Pero la inacción no es mejor. Los procesos especulativos siempre acaban muy mal. Japón por ejemplo, paradigma de economía moderna y competitiva, ha soportado una severa crisis durante más de 10 años como consecuencia de la especulación inmobiliaria. La economía española, menos competitiva y moderna que la japonesa, puede pasarlo mucho peor.

La Vivienda y la Reforma del IRPF

El proyecto de Ley de Reforma del IRPF recientemente aprobado por el Consejo de Ministros, supone un severo varapalo para las familias que tratan de acceder a la propiedad de una vivienda.

En su formulación actual, la Ley del IRPF contempla la bonificación de hasta un 25% de las cantidades invertidas en la adquisición de una vivienda como primera residencia. Concretamente, si la vivienda se adquiere mediante financiación hipotecaria, el sujeto pasivo puede deducirse durante los 2 años siguientes a la adquisición el 25% de importe satisfecho (amortización de préstamo + intereses) en los primeros 4.507´59 euros y el 20% el resto hasta 9.015´18 euros. Con la reforma, el porcentaje de bonificación se reduce hasta fijarlo en un 15%. Ello puede suponer a una familia murciana una pérdida mínima de bonificación de 225 euros en su próxima declaración de la renta.

Por lo que respecta al alquiler, la Reforma no establece bonificación alguna para el arrendatario.

¿Cómo calificar la reforma promovida por el Sr. Solbes?

Parece que finalmente se ha impuesto la tesis según la cual las bonificaciones fiscales a la compra de vivienda son las causantes de la escalada de precios que viene experimentando el sector desde 1999. En realidad la lógica es la contraria: las familias que desean adquirir una vivienda para vivir en ella son las víctimas y no las causantes del proceso especulativo. Una reflexión así necesariamente ha de conducir a una reforma viciada y contraria a los intereses de los contribuyentes de menor renta. Y ello por varias razones.

En primer lugar, con la reforma se mantiene la regresividad fiscal de la bonificación, ya que pueden beneficiarse de ella todos los sujetos pasivos independientemente de su nivel de renta: un humilde reponedor de un supermercado de barrio tiene derecho a la misma deducción que el propietario de una empresa multinacional a pesar de que sus niveles de renta difieren significativamente.

En segundo lugar, no es un secreto para nadie que el precio de la vivienda se ha incrementado de forma exagerada en los últimos años. Si a finales de 1999 el precio de la vivienda era de 807 euros por m^2, a finales de 2005 alcanzaba los 1.824 euros por m^2. En otras palabras, la vivienda se ha encarecido en ese periodo a un ritmo medio anual del 14´5%. Sin embargo tanto el porcentaje de bonificación aplicable como la inversión máxima susceptible de ser bonificada se han mantenido constantes.

A partir de ahí parece razonable sospesar algunas propuestas del tipo siguiente.

En primer lugar, sería deseable concentrar el esfuerzo bonificador en aquellas familias que, por su menor nivel de renta, son más sensibles al precio de la vivienda y a las eventuales subidas de tipos de interés. Tener que contratar un préstamo hipotecario de 150.000 euros no supone el mismo esfuerzo (más bien sufrimiento) para un joven con un salario de 900 euros mensuales, que para un directivo empresarial con un sueldo de 3.000 euros mensuales. En este sentido la reforma debería excluir de bonificación a las familias que superen un determinado nivel de renta anual.

En segundo lugar, dado que la política monetaria del Banco Central Europeo ha registrado un evidente cambio de signo al alza, y dado que el precio de la vivienda sigue creciendo por encima del 12% interanual (IV Trimestre de 2005), lo que cabe esperar de la reforma del IRPF es que aumente (no que disminuya), la protección a las familias más vulnerables y que por su escaso nivel de renta pueden enfrentarse a la desagradable eventualidad del impago y embargo de sus viviendas.

En tercer lugar, y teniendo en cuenta las dos ideas precedentes, según los datos publicados por la Agencia Estatal de Administración Tributaria (AEAT), si excluyésemos de bonificación a los sujetos pasivos con una renta anual superior a los 60.000 euros, podríamos elevar al 25% la bonificación de las familias de menor renta, y no sólo durante los dos años siguientes a la adquisición de la vivienda (como sucede con la legislación actual) sino durante toda la vida de la hipoteca.

En cuarto lugar, es necesario proteger fiscalmente a los sujetos que optan por el alquiler (los grandes olvidados de la reforma fiscal) y, a partir de ahí, que cada familia decida libremente si prefiere vivienda en propiedad ó vivienda en regimen de alquiler.

En quinto lugar, la reforma fiscal debería penalizar a aquellos sujetos pasivos que se han enriquecido especulando con un bien de primera necesidad (la vivienda) cuyo acceso está protegido por la mismísima Constitución. Y ello implica necesariamente reforzar el papel del Impuesto sobre el Patrimonio en coordinación con la reforma el IRPF.

Cambio de Ciclo

La economía española no está en crisis... pero transita hacia ella. Los últimos datos de Contabilidad Nacional Trimestral (INE) muestran que nuestra economía ha crecido en los últimos tres trimestres a un ritmo del 4%: una tasa realmente alta tratándose de una economía madura como la nuestra. Por tanto, objetivamente, no podemos afirmar que estemos en crisis.

in embargo, tales datos se refieren al pasado y dicen poco o nada del comportamiento futuro de la actividad económica. El propio INE difunde otros datos muy útiles conocidos entre los economistas como "indicadores adelantados" porque sirven para prever con cierta precisión la tendencia futura de la economía. Cuatro de ellos son especialmente importantes: las "Ventas de Automóviles", las "Matriculaciones de Vehículos de Carga", los "Visados de Viviendas" y el número de "Hipotecas Constituidas". Estas variables nos informan del curso inmediato de la actividad económica, de las expectativas de los agentes, de su actitud ante el consumo y la inversión. Y todos ellos muestran registros cada vez más negativos desde el año 2006. En el cuadro adjunto puede comprobarse el dato más reciente registrado por cada uno de esos indicadores. Todos ellos son peores que los registrados en los meses precedentes y muestran una clara tendencia contractiva en el consumo de las familias y en la inversión de las empresas. También confirman la crisis del sector inmobiliario, motor de crecimiento del modelo "aznarista" y al que tan receptivos han sido los gobernantes socialistas.

Ventas de automóviles (a)	-7,7%
Matriculaciones Vehículos de Carga (a)	-11,8%
Visado de Viviendas (b)	-10,8%
Hipotecas (b)	-3,70%

(a): septiembre 2007, (b) julio 2007.
Fuente: INE.

Frente a esta realidad los partidos del "bloque burgués" han entrado en una carrera desinformativa electoralista y antidemocrática porque los ciudadanos necesitan más información y menos marketing. El PSOE está empeñado en negar lo evidente: que la economía va a peor, ante el temor de que, como ya ha ocurrido en otras ocasiones, un cambio de ciclo económico provoque un cambio de ciclo político. El PP aprovecha la ocasión para exigir otra ración de recortes impositivos que sólo benefician a los más pudientes: una receta neoliberal ya conocida que en los últimos años no ha generado riqueza, sino especulación y exceso de endeudamiento familiar.

A estas alturas la única duda existente es la intensidad y la duración de la crisis que se avecina. Son incógnitas imposibles de resolver en estos momentos pero la hipótesis de un "ajuste suave" parece poco probable.

La generación de valor añadido y empleo se está desacelerando en todos los sectores así que ningún sector ha tomado el esperado relevo a la Construcción como motor de la economía. Por otra parte el entorno es cada vez menos favorable: la crisis de las hipotecas *subprima* ha hecho mella en la economía estadounidense y en la europea. Cabe recordar que EEUU y Gran Bretaña han vivido procesos de especulación inmobiliaria paralelos al español. La política monetaria se ha tomado un respiro: la bajada de 0´5 puntos en los tipos de referencia de la Reserva Federal norteamericana y la estabilización de tipos del BCE han estabilizado el ambiente monetario. Sin embargo no podemos olvidar la "asimetría" típica de la política monetaria: una subida de tipos contrae rápidamente la actividad económica; una baja da de tipos tarde varios trimestres en tener un efecto expansivo. Como las economías estadounidense y europea están amenazadas por riesgos inflacionistas (derivados de la especulación inmobiliaria, la especulación de materias primas y del petróleo) y por la debilidad del dólar, es muy probable que antes de que notemos los efectos positivos de la estabilización de tipos, estos vuelvan a subir como estrategia de lucha anti – inflacionaria. Por tanto pocos beneficios podemos esperar de la política monetaria.

En este ambiente de crisis, al que se suma la incertidumbre política provocada por el militarismo del Sr Bush, las principales economía occidentales se están desacelerando. En Alemania, motor económico de la *eurozona*, el *Plan Merkel* ha sido un absoluto fracaso y el PIB no despega. En Francia, el Sr Sarkozy aporta miedo y estrés, pero ninguna idea nueva distinta del recetario neoliberal: Francia tampoco despega. Si no crece Europa (principal mercado de las exportaciones españolas), España no puede mantener su crecimiento.

La derecha, la española y la europea, ya se ha puesto manos a la obra para responder a la crisis en beneficio propio: menos impuestos, menos Estado de Bienestar. Ante esto lo deseable es articular una política económica progresista que anime la actividad, que permita incrementar la productividad y, a ser posible, compensar a quienes han soportado sobre sus espaldas el coste de la especulación en forma de enormes hipotecas. Si el cambio de ciclo económico ha de provocar un cambio de ciclo político, que sea a favor de una mayor progresividad fiscal, y de una efectiva vigilancia y sanción de las actividades especulativas.

Crisis Hipotecaria: Buscando Manchas Solares

Acerca de la crisis de las hipotecas sub – prima

En los últimos años los portavoces del pensamiento neoliberal han negado la existencia de *burbujas inmobiliarias* en países como Estados Unidos o España: el exagerado encarecimiento de la vivienda era tan sólo una suave sobrevaloración. Nada peligroso. Más recientemente, esos mismos analistas han admitido que tal burbuja existía, pero que sería absorbida sin problemas por el sistema, ya que las economías nacionales estaban saneadas y presentaban buenos *fundamentos macroeconómicos*. En otras palabras: sólo cabía esperar un *ajuste suave*, una desaceleración lenta de los precios de la vivienda sin impacto en el empleo, en el sistema financiero o en el crecimiento económico.

Ajuste suave. Tal ha sido la consigna repetida una y otra vez a modo de *mantra* purificador por la intelectualidad que trabaja al servicio del capital. La

Banca, las multinacionales… las grandes empresas en general, financian multitud de *investigaciones científicas* cuya única finalidad es justificar la bondad de sus intereses. Ahora, después de años de negar la irracionalidad de la *economía del ladrillo* (tan lucrativa para algunos a costa de estrangular las economías domésticas con hipotecas monstruosas), la realidad se impone con toda su crudeza en forma de crack bursátil.

Desde principios de año se han sucedido en Estados Unidos las quiebras y suspensiones de pagos de entidades financieras ligadas al negocio hipotecario (New Century, Bear Sterns, American Home Mortgage, Home Banc, etc.…). Su cotización en Bolsa ha sido suspendida. El pasado 8 de agosto el Banco Central Europeo (BCE) tuvo que prestar 95.000 millones de euros a los principales bancos europeos. Un día después el BCE tuvo que prestar otros 61.000 millones. Y a ello hay que añadir el dinero procedente de la Reserva Federal estadounidense. Las primera operaciones fueron préstamos a 1 día al sistema bancario, a finales de agosto ha habido que realizar préstamos a 3 meses, síntoma inequívoco de que el problema está bastante enquistado. La Banca clama: ¡No hay problema, todo está controlado! Pero lo cierto es que algún problema habrá cuando el mismísimo George W. Bush tiene que comparecer con urgencia ese mismo día ante los medios de comunicación para lanzar una señal de calma.

La infamia. Básicamente el negocio bancario consiste en vender *confianza*. La confianza es lo que nos anima a prestar y a pedir prestado. Por eso, cuando se extiende el pánico, los primeros en resentirse son precisamente los bancos. Así que la *intelectualidad financiera* está buscando una explicación convincente a lo que está pasando pero una explicación que no socave la confianza en el conjunto del sistema: ¡Hay que preservar la fe en los mercados! Es lo que en Economía se denomina *manchas solares*: explicar los fenómenos económicos mediante variables que no tienen que ver con la economía. De ahí su nombre: en el siglo XIX se popularizó una teoría según la cual el ciclo económico dependía de la influencia de las manchas de la superficie solar en el clima y, por ende, en la agricultura. En definitiva, las *manchas solares* no son otra cosas que excusas acientíficas para exculpar al sistema.

Son los pobres, las familias modestas, las que van a llevarse la peor parte. Perderán por partida doble. De una parte porque muchos de ellos van a perder su hogar ante la incapacidad de pagar las hipotecas. De otra, porque la explicación oficial de la actual crisis les culpa del exceso de crédito hipotecario en condiciones poco solventes: las llamadas hipotecas *subprima*. Estos individuos han dejado de pagar sus hipotecas llevando a la suspensión de pagos (o a la quiebra) a las entidades prestamistas y a inversores (bancos, Fondos de Inversión...) que habían comprado bonos emitidos aquellas. ¡Si es que no puede uno fiarse de los pobres!

Esa explicación es una infamia porque descarga la culpa de la crisis en quienes son en realidad víctimas del proceso especulativo, escamoteando la responsabilidad de quienes han diseñado un sistema financiero irracional. Una infamia basada en el uso demagógico de los hechos.

Las Causas. Lo que verdaderamente está ocurriendo es que el sistema capitalista globalizado es incapaz de seguir financiando el proceso especulativo en el ámbito inmobiliario y en el ámbito bursátil. Desde 1999 los precios de la vivienda (posteriormente los de los activos financieros) han crecido de forma *exuberante* (parafraseando al Sr. Greenspan) de modo que los precios ya no reflejan el verdadero *valor* de las cosas. *Valor* en el sentido marxista del término. La viviendas (tanto las que compran los clientes de hipotecas *subprima* como las demás) están sobrevaloradas. El crecimiento estadounidense de los últimos años se ha basado en la demanda especulativa de viviendas (comprar para revender) y en la expansión de los gastos militares: es el denominado *keynesianismo bastardo*. Las principales economías occidentales son incapaces de seguir generando recursos para financiar la demanda especulativa de viviendas: les falta productividad. La gente está empezando a perder sus empleos porque el moldeo de crecimiento está agotado y por eso no pueden pagar las hipotecas. El déficit público estadounidense impide seguir financiando una guerra interminable (Irak). El gasto público ya no genera empleo, el sector inmobiliario tampoco. La subida de tipos de interés en Estados Unidos y Europa es un hecho anecdótico, un catalizador que ha precipitado los acontecimientos: aunque no hubieran subido el mercado inmobiliario también se habría derrumbado, sólo que algo más tarde, porque la inflación y las hipotecas se han comido la capacidad de gasto de las familias.

Las familias obreras estadounidenses (que aunque no lo parezca, existen) no han causado la burbuja inmobiliaria: son sus víctimas. Han tenido que aceptar de mala gana precios e hipotecas indecentes porque la alternativa era aun peor: quedarse sin hogar.

Los defensores del sistema harían bien en preguntarse cómo es posible que el mercado, el bendito mercado, nos haya conducido a esta situación. ¿Cómo es posible que esa prodigiosa máquina de creación de riqueza que es el mercado haya provocado el desplome bursátil más grave de la última década a nivel mundial? Se dice que las *agencias de calificación* (Moodys, Standard and Poors...), agencias que se dedican a evaluar el riesgo que supone invertir en una determinada empresa, han funcionando maliciosamente, ocultando información a los ahorradores para no perjudicar sus propio intereses como asesores de la Banca y de las empresas calificadas, de las que proceden buena parte de sus ingresos. También es cierto. Al fin y al cabo la corrupción es consustancial al capitalismo: la codicia, ganar dinero, es el principal incentivo de la organización capitalista como ya se encargó de señalar Adam Smith en *La Riqueza de las Naciones*.

La ausencia de intervención estatal ha conducido al desenfreno mobiliario y a la crisis financiera y es ahora (como siempre) cuando las entidades financieras reclaman intervención pública para sostener el sistema financiero. Han pedido ayuda a los bancos centrales. Mañana pueden pedir que el Estado, vía presupuestaria, tape los agujeros que ellos han provocado. No sería la primera vez. Quizá si el Estado hubiera intervenido cuando le correspondía (penalizando fiscalmente las ganancias especulativas y la acumulación de viviendas, subvencionando la compra de vivienda sólo a las familias modestas, promoviendo vivienda pública en propiedad o en alquiler a precios regulados, etc, etc…) los precios de la vivienda no habrían crecido tanto, las hipotecas no serían tan elevadas y habrían sobrado recursos para financiar más I+D y lograr mayores cotas de productividad.

El futuro. Decía Keynes que hacer predicciones en economía es como conducir con la vista fija en el retrovisor. Algo hay de cierto en ello. En este caso los datos del pasado reciente son lo suficientemente elocuentes como para esperar lo peor. La sobrevaloración de la vivienda España es superior a la de Estados Unidos. La concesión de créditos hipotecarios lleva años creciendo por encima del 20% anual. La morosidad de esos créditos volvió a repuntar en 2006 después de años de descenso. El 75% de los puestos de trabajo creados desde 1999 depende directamente o indirectamente de la construcción. La Banca española (directamente o vía fondos de inversión) tiene importantes intereses en el sector inmobiliario. El crédito hipotecario alcanza ya el 100% de nuestro PIB, el triple que en 1999. Y desde junio ha empezado a destruirse empleo en ese sector. Suma y sigue...

Bibliografía

Andrés, J. y García, J. (1992); "Principales Rasgos del Mercado de Trabajo Español ante 1992"; en La Economía Española ante el Mercado Único Europeo, José Viñals (ed.), Alianza Economía, Madrid.

Ayuso, J. y Restoy, F. (2003); "House Prices and Rents: An Equilibrium Asset Pricing Approach"; *Documento de Trabajo* n° 0304, Banco de España, Madrid.

Ayuso, J. y Restoy, F. (2006a); "House Prices and Rents in Spain: Does the Discount Factor Matter?"; *Documento de Trabajo* n° 0609, Banco de España, Madrid.

Ayuso, J. y Restoy, F. (2006b); "El Precio de la Vivienda en España ¿Es Robusta la Evidencia de Sobrevaloración?; *Boletín Económico* n° 06/2006, Banco de España, Madrid.

Balmaseda, M.; San Martín, I. y Sebastián, M. (2002); "Una

Aproximación Cuantitativa a la Burbuja Inmobiliaria"; *Situación Inmobiliaria*, diciembre, BBVA.

Banco de España (2005a); <u>Informe Anual 2005</u>, Madrid.

Banco de España (2005b); <u>Discurso de Presentación del Informe Anual ante el Consejo de Gobierno del Banco de España</u>, Madrid.

Bean, C. R. (2004); "Asset Prices, Financial Instability and Monetary Policy"; *American Economic Association Papers and Proceedings*, vol 94, pp. 14 – 18.

Bellod Redondo, J. F. (2008); "El Precio de la Vivienda y la Inflación en España"; *El Trimestre Económico*, n° 298.

Bover, O. (1993); "Un Modelo Empírico de los Precios de la Vivienda en España (1976 - 1991)"; *Investigaciones Económicas*, Vol. XVII (1), enero.

Caruana, J. (2005); "Monetary Policy, Financial Stability and Asset Prices", *Documentos Ocasionales del Banco de España*, n° 507, Banco de España, Madrid.

Campbell, J. Y. (1988 a); "The Dividend – Price Ratio and Expectations of Future Dividends and Discount Factors"; *The Review of Financial Studies,* vol 1, n 3, pp. 195 – 228.

Campbell, J. Y. (1988 b); "Stock Prices, Earnings and Expected Dividends"; *The Journal of Finance*, vol 43, n 3, pp. 661 – 676.

Campbell, J. Y.; Lo, A. W. y MacKinlay (1997); The Econometrics of Financial Markets; Princeton University Press, New Jersey.

Davis, E. P. y Zhu, H. (2005); "Commercial Property Prices and Bank Performance"; *BIS Working Paper*, n° 175.

Del Río, A. (2002); "El Endeudamiento de los Hogares Españoles "; *Documento de Trabajo* n° 0228, Banco de España, Madrid.

Estrada, A., Fernández, J. L., Moral, E. y Regil, A. V. (2004); "A Quaterly Macroeconometric Model of the Spanish Economy"; *Documento de Trabajo* n° 0413,

Banco de España, Madrid.

European Central Bank (2003); Structural Factors in the EU Housing Markets, march, Frankfurt.

Fondo Monetario Internacional (2004); World Economic Outlook, September, Washington.

García Montalvo, J. (2001);"Un Análisis Empírico del Crecimiento del Precio de la Vivienda en las Comunidades Autónomas"; *Revista Valenciana de Economía y Hacienda*, nº 2.

Goodhart, C. (1993); "Price Stability and Financial Fragility"; Mimeo, H. C. Coombs Centre for Financial Studies, November.

Herrera, S. y Perry, G. E. (2003); "Tropical Bubbles: asset Prices in Latin America 1980 – 2001"; incluido en Asset Price Bubbles – The Implicacions for Monetary, Regulatory and Internacional Policies; editado por Hunter, W. C. ; Kaufman, G. G. y Pomerleano, M.

Kearl, J. R. (1979); "Inflation, Mortgages and Housing";

Journal of Political Economy; october.

Koustas, Z. y Serletis, A. (2005); "Rational Bubles or Persistent Deviations from Market Fundamentals"; *The Journal of Banking and Finance* , vol 29, pp. 2523 – 2539.

Levine, E. J., y Wright, R. E. (1997a); "Speculation in the Housing Market"; *Urban Studies*, 34 (9), pp. 1419-1437.

Levine, E. J., y Wright, R. E. (1997b); "The Impact of Speculation on House Prices in the United Kingdom"; *Economic Modelling*, 14 , pp. 567 – 585.

Mankiw, N.G. y Weil, D.N. (1989); "The Baby Boom, the Baby Bust and the Housing Market"; *Regional Science and Urban Economics*; n° 19.

Martínez, J. y Matea, M. (2002); "El Mercado de la Vivienda en España"; *Boletín Económico del Banco de España*, septiembre, Madrid.

Martínez Pagés, J. y Maza, L. A. (2003); "Análisis del Precio

de la Vivienda en España"; *Documento de Trabajo* nº
0307, Banco de España, Madrid.

MaClennan, D.; Stephens, M. y Kemp, P. (1997): La
Politique du Logement dans les États Membres de
l'Union Éuropéenne. Parlement Européen, Direction
Génerale des Études. Luxemburgo.

McCarthy, J. y Peach, R. W. (2004); "Are Home Prices the
Next Bubble?", FRBNY Economic Policy Review,
December, pp 1 – 17.

OCDE (2007); Economic Survey of Spain 2007, OECD.

Poterba, J. (1984); "Tax Subsidies to Owner-Occupied
Housing: An Asset-Market Approach"; *Quaterly
Journal of Economics*; november.

Quigley, J. M. (2001); "Real State and the Asian Crisis";
Journal of Housing Economics, vol. 10, p. 129 - 161.

Riddel, M. (1999); "Fundamentals, Feedback Trading, and
Housing Market Speculation: Evidence from
California"; *Journal of Housing Economics*, vol 8,

p.272 - 284.

Stewart, M. y Carey-Wood, J. (1991): Mobilité et besoins en logement dans l'Europe Urbaine. SAUS Publications. Bristol.

Stiglitz, J. E. (1990); "Symposium on Bubbles"; *Journal of Economic Perspectives*; vol 4 (2), spring, pp 13 – 18.

Swanson, N. R. y Grangrer, C. W. J. (1997); "Impulse Response Functions Based on a Causal Approach to Residual Orthogonalization in Vector Autoregressions"; *Journal of the American Statistical Association*, vol 92, pp. 357 – 367.

Taipalus, K. (2006); "A Global House Price Bubble? Evaluation Based on a NewRent – Price Approach"; *Bank of Finland Research Discussion Papers 29/2006*, Bank of Finland.

Topel, R. y Rosen, S. (1988); "Housing Investment in United States"; *Journal of Political Economy*, nº 96.

Trilla, C. (2001); La Política de Vivienda en una Perspectiva

<u>Europea Comparada</u>; Colección de Estudios Sociales, n° 9, Fundación "La Caixa".

www.ingramcontent.com/pod-product-compliance
Lightning Source LLC
Chambersburg PA
CBHW071225170526
45165CB00003B/986